O MODELO DE CRESCIMENTO GREINER PARA A MUDANÇA ORGANIZACIONAL

Antecipação de crises e adaptação a um mundo empresarial em mudança

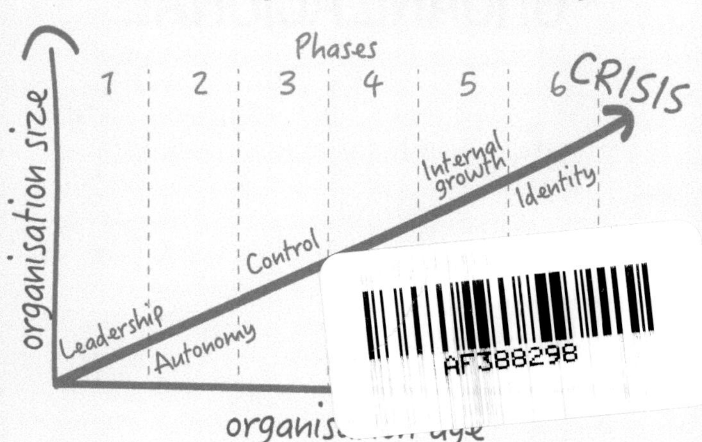

50MINUTES.com

O MODELO DE CRESCIMENTO GREINER PARA A MUDANÇA ORGANIZACIONAL

Antecipação de crises e adaptação a um mundo empresarial em mudança

escrito por Jean Blaise Mimbang
traduzido por Alva Silva

50MINUTES.com

O MODELO DE CRESCIMENTO GREINER PARA A MUDANÇA ORGANIZACIONAL

INFORMAÇÃO CHAVE

- **Nomes:** Modelo de Crescimento Greiner, o modelo Greiner para o crescimento organizacional.

- **Utilizações:** Gestão de crises numa empresa, definição de estratégia e modelação do crescimento organizacional.

- **Por que é bem sucedido?**

  - O modelo é teoricamente preditivo. Dependendo do sector de atividade da empresa e das mudanças nos fatores ambientais, permite aos utilizadores localizar e antecipar a próxima crise (mudança estrutural ou funcional) com que a organização terá de lidar.

  - Permite aos utilizadores identificar certos indicadores do passado da organização que são críticos para o seu sucesso futuro.

  - Torna mais fácil compreender como funcionam as empresas de crescimento rápido (start-ups).

* **Palavras-chave:**
  - <u>Mudança organizativa</u>: O processo de transformação da estrutura num dado contexto.
  - <u>Ciclo de vida organizacional</u>: Todas as fases, desde a criação até à possível extinção, através das quais uma empresa passa.

INTRODUÇÃO

> *"A história de qualquer parte da Terra, como a vida de um soldado, consiste em longos períodos de tédio e curtos períodos de terror."*

Esta citação do geólogo britânico Derek V. Ager, citado por Stephen Jay Gould (paleontólogo americano, 1941-2002) no seu livro *The Panda's Thumb* (1982), poderia, por extensão, ser aplicado aos seres humanos e às empresas. De facto, tal como os seres humanos, as empresas são organizações complexas que sofrem várias mudanças durante a sua existência. Estas mudanças envolvem períodos de crise mais ou menos significativos, que podem ameaçar a própria sobrevivência da organização.

Perante a atual realidade económica da globalização, todas as empresas devem enfrentar o desafio da competitividade. As empresas que conseguem responder a este desafio são as que melhor gerem e antecipam os tempos de mudança e as próximas fases de desenvolvimento da empresa.

Dependendo do sector de atividade da organização e de fatores ambientais, o modelo concebido por Larry E. Greiner (académico americano, nascido em 1933) permite a uma empresa visualizar em que fase se encontra atualmente e antecipar a próxima crise que terá de enfrentar, a fim de a transformar numa oportunidade para uma nova fase de crescimento.

HISTÓRIA

As teorias relacionadas com mudanças organizacionais foram desenvolvidas desde o período pós-guerra, e são comparadas e associadas aos três principais períodos económicos que tiveram lugar desde 1945 (Desreumaux, 1996).

* O primeiro período começou após a guerra e terminou no início da década de 1970. Corresponde a uma fase de forte crescimento económico global, resultando num sistema em equilíbrio.

* O segundo período começou com o início das crises petrolíferas dos anos 70 e durou até à crise económica do início dos anos 80. Foi durante esta fase, caracterizada por uma elevada taxa de mortalidade empresarial e mudanças organizacionais significativas, que o Modelo de Crescimento Greiner surgiu em 1972.

* O terceiro e último período identificável estende-se desde o início dos anos 90 até aos dias de hoje. O contexto económico desta fase de constantes mudanças caracteriza-se por turbulência e imprevisibilidade.

DEFINIÇÃO DO MODELO

De acordo com Larry E. Greiner, durante a sua existência, uma empresa passa por cinco fases de crescimento bem definidas intercaladas com cinco momentos-chave conhecidos como "crises". A transição de uma fase para outra é conseguida através de adaptações estruturais que marcam a natureza evolutiva do sistema organizacional.

As fases de mudança dependem dos fatores internos (idade, dimensão, fases de crescimento e revolução, etc.) e externos (concorrência, localização geográfica, taxa de crescimento da indústria, etc.) da organização. As cinco fases de crescimento são:

* criatividade;

* direção;

* delegação;

* coordenação;

* colaboração.

Estas fases são potencialmente intercaladas com cinco crises: liderança, autonomia, controlo, burocracia e crescimento.

TEORIA

CICLOS DE VIDA

Da mesma forma que uma organização passa por fases de mudanças mais ou menos significativas que podem comprometer a sua sobrevivência ao longo da sua história, os seres humanos desenvolvem-se gradualmente ao longo do tempo, ao mesmo tempo que atravessam períodos de crise que podem provocar o seu desaparecimento.

Ciclo de vida biológico

O ciclo de vida biológico corresponde ao período de tempo durante o qual ocorre toda a vida de um organismo, a começar pela sua conceção. Em geral, o ciclo de vida biológico começa com o nascimento, seguido de um período de crescimento que leva à maturidade, antes de um eventual período de declínio, e, finalmente, a morte. Consoante o ciclo de vida estudado, a terminologia é diferente, embora o processo permaneça comparável.

Podemos ilustrar isto utilizando o exemplo do ciclo de vida biológico humano:

- A conceção é seguida do nascimento e da infância. Este é o 'período de lançamento'.

- Depois vem a adolescência, caracterizada pela proliferação de diferentes experiências dentro e fora do círculo familiar e correspondente à fase chamada 'crescimento'. Neste momento, o ser humano constrói a sua personalidade o melhor que pode através de tentativas e erros: cresce e adquire novos conhecimentos e competências todos os dias. Durante esta fase de crescimento, descobre também os seus talentos e fraquezas, que o leva a escolher uma profissão, mas também sentimentos e emoções, tais como o amor. Tudo isto representa uma mudança positiva na sua vida.

- Finalmente, eventos que inibem o crescimento, como a reforma e a velhice, surgem inevitavelmente, marcando a transição para a fase de declínio. Esta "decadência" conduz à morte, que é inevitável para todos os organismos vivos.

Negócios: uma série de ciclos de vida

À primeira vista, podemos pensar que uma empresa tem apenas um ciclo de vida. No entanto, este não é de modo algum o caso. A empresa encontra-se frequentemente numa encruzilhada, porque experimenta muitos ciclos de vida diferentes, incluindo ciclos de vida material (ciclo de vida do produto, ciclo de vida tecnológica ou ciclo de vida de marketing), ciclos de vida humana e social (ciclo de vida do pessoal e ciclo de vida da organização) e o ciclo de vida do negócio que gere de forma independente.

- O conceito de **ciclo de vida do produto** é regularmente utilizado entre os profissionais de marketing, uma vez que cada produto segue o seu próprio ciclo de vida. Este ciclo tem normalmente quatro fases: lançamento, crescimento, maturidade e declínio. Contudo, alguns analistas acrescentam uma quinta fase, pois antes de lançar um produto – como no caso do desenvolvimento embrionário com humanos – a empresa faz pesquisas de mercado, produz protótipos, etc.. Esta fase adicional é a fase de desenvolvimento e tem como objetivo reduzir o risco de fracasso durante o lançamento do produto.

- **O ciclo de vida comercial** é semelhante ao ciclo de vida do produto, sendo a sua única diferença que a quarta fase corresponde a um potencial relançamento.

- **O ciclo de vida da tecnologia.** Tal como os produtos, a tecnologia tem o seu próprio ciclo de vida que compreende quatro fases: tecnologia inicial, tecnologia emergente, tecnologia-chave e tecnologia principal.

- **Ciclo de vida do pessoal.** No que diz respeito ao pessoal, existe também um ciclo de vida baseado nas carreiras dos funcionários individuais. Este ciclo começa com o recrutamento, que é seguido de crescimento (incluindo formação, promoção, etc.), maturidade (neste ponto o empregado é mais velho, pelo que será necessário procurar um substituto a médio prazo) e termina com o declínio (despedimento, reforma, etc.).

* **Ciclo de vida organizacional ou empresarial**, que Greiner representa como um processo de crescimento em cinco fases.

MUDANÇA ORGANIZATIVA

Como lembrete, a mudança organizacional é definida por referência a um determinado contexto ou situação. Pode também ser definida em contraste com a continuidade.

Modelos de crescimento

As teorias relativas ao ritmo da mudança organizacional evoluíram consideravelmente desde o final dos anos 50. Para facilitar a análise das diferentes tipologias estruturais, podemos olhar para as conclusões de Alain Desreumaux (académico francês, nascido em 1944) no seu livro *Nouvelles formes d'organisation et évolution de l'entreprise* (*Novas Formas de Organização e Evolução da Empresa*) de 1996.

O autor utiliza as dimensões de "nível de controlo dos atores" (com uma distinção entre "determinismo" e "voluntariado") e "localização dos fatores" (distinguindo os fatores "endógenos" e "exógenos" da mudança; alguns teóricos consideram que o ambiente não é apenas o motor da mudança, mas também o elemento de seleção nas organizações).

A matriz de Desreumaux fornece uma visão geral das principais teorias relacionadas com o ritmo da mudança organizacional.

* **Determinismo.** As principais características dos movimentos ligados ao determinismo são a capacidade de inércia da organização e o poderoso papel do ambiente na mudança das suas estruturas. De facto, o ambiente atua como um instrumento de seleção para organizações que não desenvolveram a sua flexibilidade e, por conseguinte, a sua capacidade de adaptação à mudança. Nesta escola de pensamento, a mudança é suportada – tanto por funcionários que podem, por exemplo, ser despedidos de um dia para o outro, como por empresas que não podem assegurar o equilíbrio financeiro. As dimensões históricas e culturais, a natural resistência humana à mudança, o medo do desconhecido, etc. são considerados como obstáculos importantes à reorganização da empresa. Esta visão neodarwinista tenta mostrar os limites da capacidade de adaptação das organizações. De acordo com uma visão radical encarnada pelos sociólogos americanos Michael T. Hannan e John H. Freeman (1977), os líderes não têm controlo sobre o ambiente, enquanto a visão menos determinista apoiada por Jeffrey Pfeffer (especialista em comportamento organizacional, nascido em 1946) e Gerald R. Salancik (teórico organizacional, 1943-1996) em 1978, atribui um papel simbólico aos líderes durante os tempos de mudança.

- **Voluntariado. O** movimento de voluntariado caracteriza-se pela capacidade dos participantes de criar uma dinâmica de mudança dentro da organização. O motor de mudança aqui vem do papel proactivo dos executivos que têm a capacidade – e a vontade – de mudar a organização. O seu destino está nas mãos do executivo e daqueles que têm poder. O principal representante desta escola de pensamento é John Child (teórico da gestão e da organização, 1972). A mudança organizacional é entendida como um instrumento controlado pelos executivos, que tem sido objeto de antecipação estratégica proativa, levada a cabo de forma gradual e contínua. O poder estratégico e organizacional baseia-se na vontade de mudança dos executivos e na sua capacidade de serem reconhecidos como legítimos: este tipo de executivo é agora descrito como um "líder inspirador". A tendência da teoria da escolha estratégica inclui as teorias de planeamento estratégico de Gerry Johnson (professor de gestão estratégica, 1987) e Alain-Charles Martinet (professor francês de ciências de gestão e gestão empresarial). Segundo estes dois autores, o ritmo da mudança pode tomar uma direção revolucionária devido à capacidade do líder de impor prazos para a mudança dentro da organização. A mudança, e consequentemente a transformação das estruturas sociais, é o resultado da interação contínua entre diferentes indivíduos (inteligência coletiva que permite considerar novas soluções). Pode ser entendida como "uma repetição da formulação de objetivos, desenvolvimento, modificação e interação entre atores"[1] (Giordano, 1995). Contudo, não existe uma sequência fixa e é difícil prever ou identificar períodos de crise na estrutura da organização.

Desenvolvimento da organização

Em geral, considera-se que quatro fases marcam o desenvolvimento da organização: a fase estável e contínua, a fase de crescimento sem mudanças profundas, a fase de mudança descontrolada e a fase de transformação profunda da organização.

- **Estabilidade e continuidade.**

- **Aparecimento de mudanças incrementais:** durante este período, mudanças contínuas permitem à organização evoluir sem perturbar toda a sua estrutura. Os principais determinantes da organização consistem principalmente na história da empresa, na sua cultura e na estrutura organizacional existente. A mudança organizacional é principalmente iniciada por fatores endógenos. As fases de crescimento foram descritas como fases de revitalização pelos académicos canadianos Henry Mintzberg e Frances Westley em 1992. No exemplo desenvolvido pela Desreumaux, isto corresponde ao período de crescimento económico entre 1945 e 1973.

- **O caos.**

....

1. Esta citação foi traduzida por 50Minutes.com.

- **Revolução estrutural:** os processos revolucionários de mudança organizacional correspondem frequentemente a fases de alta pressão do ambiente externo que levam as organizações a evoluir a um ritmo rápido com o risco de desaparecerem. A organização é então empurrada para os limites da sua capacidade de aceitar a mudança. Para Desreumaux, estas fases emergiram com as convulsões económicas parcialmente ligadas às crises petrolíferas de meados da década de 1970. Correspondem a fases que envolvem um questionamento dos modelos empresariais, dos fundamentos da gestão da organização e da estrutura central da organização. Esta última caracteriza-se por uma forte resistência à mudança por parte de indivíduos e grupos de indivíduos.

Para ultrapassar esta fase revolucionária, a que Mintzberg e Westley (1992) se referiam como um "período de viragem", as organizações terão de se concentrar principalmente na gestão de dois elementos-chave, nomeadamente a crise e a emergência. Neste momento, elas precisam de destruir o passado para construir o futuro.

 **RESISTÊNCIA À MUDANÇA**

Em tempos de crise, a mudança pode ser percebida pelos indivíduos como um acontecimento dramático. Se a comunicação não for clara, podem sentir-se ameaçados, temer a incerteza e demonstrar a sua oposição espontânea (por exemplo, através de greves).

A resistência à mudança é uma reação natural dos indivíduos que procuram proteger-se e, desta forma, defender-se contra qualquer questionamento do equilíbrio e estabilidade da organização que possa pôr em perigo a sua própria função e/ou legitimidade. Muitos teóricos, incluindo Jeffrey Pfeffer e Gerald R. Salancik, explicam os mecanismos de resistência à mudança (mecanismos de bloqueio psicológico e social em resposta à incerteza, etc.).

Connie Gersick (especialista em comportamento organizacional, 1991) salienta a importância de ter em conta a história da empresa a fim de analisar os limites da sua capacidade de mudança. Além disso, segundo Nils G.M. Brunsson (economista sueco, 1982), o processo de mudança revolucionário caracteriza-se por uma mudança na perspetiva da organização, que cria incerteza, desmotivação e impede que o processo de mudança seja incremental.

ABORDAGENS INCREMENTAIS DO CICLO DE VIDA

Como já vimos, esta abordagem darwiniana é inspirada pela biologia: a organização é vista como um organismo vivo e o crescimento é visto como um fenómeno natural. Nesta perspetiva, a mudança organizacional envolve uma série de mudanças incrementais cumulativas. A organização pode aceitar a mudança desde que esta seja limitada, enquanto as mudanças significativas são o resultado da acumulação despercebida de pequenas modificações. Esta teoria define a visão tradicional da mudança como um processo gradual e incremental, estruturado em torno de sequências lógicas chamadas fases. O principal defensor desta teoria, James B. Quinn (1980), acredita que a mudança é a soma de muitos pequenos acontecimentos que todos se influenciam uns aos outros.

A teoria do ciclo de vida é relativamente antiga e é muito utilizada na literatura de gestão. Em alguns casos, pode ser aplicada mais a mudanças organizacionais do que a mudanças estratégicas.

Mintzberg e Westley observaram em 1983 que o ciclo de vida de uma organização é estruturado em torno de cinco fases. A primeira fase é a fase de desenvolvimento, encarnada por um líder visionário que estabelece objetivos. A segunda fase é a fase de estabilidade, caracterizada pelo planeamento da estrutura organizacional, a implementação de procedimentos e a estruturação da organização. Segue-se a fase de adaptação, que é marcada por pequenas mudanças na estrutura e estratégia organizacional, ao contrário da fase de luta. Esta última força a organização a encontrar uma nova direção estratégica. Desordem, desafios, jogos de poder e um questionamento da estrutura atual são então observados na organização. A fase de revolução inclui mudanças que afetam a estratégia, a cultura, as estruturas e os indivíduos da empresa. Mintzberg está interessada em mudanças incrementais e reconhece a existência de períodos de mudanças abruptas, curtas e intensas dentro da organização.

O MODELO DE CRESCIMENTO DE LARRY E. GREINER

Para descrever a história do desenvolvimento da empresa, Larry E. Greiner (1972) sugere a identificação de indicadores do passado da organização que poderiam ser cruciais para o seu sucesso futuro.

Greiner acredita que é importante conhecer a história da empresa a fim de identificar fatores-chave de sucesso e desempenho económico ao longo do tempo. Argumenta que as oportunidades do mercado externo determinam a estratégia de uma empresa, a qual, por sua vez, determina a estrutura da organização. Esta estrutura é central para o crescimento futuro da empresa.

De acordo com ele, cada organização passa por cinco fases bem definidas durante a sua existência. Cada fase é caracterizada por uma mudança gradual, seguida por uma crise de transição ou um breve período de revolução. É a resolução desta crise que permite à empresa passar para a fase seguinte.

Fase de criatividade

Esta primeira fase corresponde ao lançamento da empresa num mercado em crescimento por fundadores que são frequentemente técnicos ou empresários, não necessariamente líderes ou mesmo gestores.

A comunicação dentro da organização é frequente e informal, os fundadores e empregados iniciais não contam as suas horas, e estão geralmente satisfeitos com salários modestos. A principal motivação é o lançamento de um projeto bem sucedido. As suas responsabilidades nem sempre são claramente definidas, cada um deles tem vários papéis diferentes a desempenhar e completam os seus desafios diários com entusiasmo, muitas vezes através de mecanismos de decisão colegial: tomam parte ativa na construção da organização. O risco nesta fase diz respeito aos compromissos e saídas dos membros da organização (o conceito de *affectio societatis*), porque não é preciso muito para desequilibrar a nova estrutura.

AFFECTIO SOCIETATIS

Este termo latino refere-se à relação entre as pessoas que participam conjuntamente no capital de uma empresa: em conjunto, investem, partilham a tomada de decisões, partilham os benefícios e os riscos, etc.. Mais importante ainda, a *affectio societatis* assegura uma certa harmonia, que logicamente deve durar enquanto a empresa estiver ativa. Infelizmente, nem sempre é este o caso.

Esta situação conduz a uma **crise de liderança**. Isto ocorre quando a empresa, tendo crescido e prosperado, deve reestruturar as suas operações em termos de produção de bens e serviços, contabilidade, gestão de recursos humanos, etc., de acordo com o princípio da "especialização de funções". Os fundadores não podem razoavelmente possuir todas as competências necessárias e, segundo Greiner, são incapazes de motivar os novos empregados da mesma forma que a equipa inicial. Além disso, podem não ser realmente eficazes, gestores profissionais e podem não ter a capacidade de compreender decisões de gestão complexas.

A solução para esta crise é contratar gestores experientes que saibam como implementar as estruturas funcionais necessárias. No entanto, esta operação comporta riscos, pois os fundadores e os funcionários iniciais podem ser tentados a manter o espírito original e o carácter informal da organização (desejo de conservar o poder, crise de autoestima causada pelo reconhecimento dos seus limites, etc.).

Fase de direção

Um indivíduo tomou o poder e está a dirigir a organização, permitindo-lhe continuar o seu crescimento num ambiente mais formal e concentrar-se em diferentes atividades, tais como marketing e produção. Os incentivos financeiros começam a aparecer a fim de motivar os indivíduos.

No entanto, chega uma altura em que os produtos e processos se tornam tão numerosos que é impossível para uma única pessoa gerir tudo num só dia. Por vezes não há tempo suficiente; outras vezes, o fluxo de informação (produtos e serviços) para processar é demasiado grande. Como resultado, a organização entra num novo período de crise: a autonomia. A **crise de autonomia** está ligada à necessidade de criar novas estruturas baseadas na delegação, mas também a problemas de financiamento relacionados com o crescimento.

A solução para esta crise envolve não só uma reestruturação da organização baseada na delegação de responsabilidades de liderança a outros membros da empresa, mas também a entrada de capital nacional e/ou estrangeiro na organização.

Fase de delegação

A solução para a crise de autonomia leva à delegação de poder dos quadros superiores para os quadros médios. Estes gestores são livres de reagir rapidamente às oportunidades e ameaças de novos produtos, mercados, concorrentes, tecnologias, e desejos e expectativas dos clientes. Desta forma, a organização continua a crescer.

As pessoas que injetam capital não gerem necessariamente a empresa elas próprias. Na maioria dos casos, nomeiam um agente para os representar e assegurar a utilização eficiente do seu capital.

Esta delegação pode então conduzir a uma **crise de controlo**. O chefe executivo, que quer continuar a resolver por si próprio os problemas fundamentais da organização, tem dificuldade em deixar-se ir. No entanto, a estrutura da organização tornou-se demasiado grande para um único líder. Assim, por orgulho, muitos fundadores provocam involuntariamente a queda das suas organizações.

A solução para esta crise requer uma delegação ponderada, envolvendo a criação de cargos de chefe de departamento e novos escritórios (departamentos ou filiais). Para avançar, será necessário redefinir claramente os objetivos, tarefas e responsabilidades dos novos dirigentes e apoiá-los nas suas novas atribuições.

Fase de coordenação

O crescimento continua com unidades de negócio (departamentos ou filiais dependendo do seu estatuto legal) separadas e reorganizadas em grupos de produtos, serviços e recursos. Idealmente, os objetivos são partilhados por toda a empresa, enquanto que os diferentes departamentos, que também têm os seus próprios objetivos, gozam de relativa autonomia.

A burocracia torna-se tão significativa que os custos têm um impacto negativo no crescimento da organização. Ao crescer desta forma, as formalidades administrativas obscurecem a missão principal da organização. Assim, esta fase pode levar a uma **burocracia ou crise de burocracia**, caracterizada por uma perda de flexibilidade.

Para ultrapassar esta crise, a empresa terá de estabelecer uma nova cultura – centrada na visão e tarefas-chave da empresa – e introduzir uma nova estrutura, mais flexível, adaptada e motivadora.

Fase de colaboração

No interesse de reduzir os custos e maximizar os lucros, as fases de direção e coordenação são impulsionadas por uma nova liderança inspiradora e motivadora, encorajando a organização a recentrar-se nas suas prioridades. As promoções, a rotação de postos de trabalho e a formação permitem que as pessoas se destaquem no trabalho. Esta fase termina com uma crise interna de crescimento. Em termos mais gerais, Greiner sugeriu que o crescimento por colaboração pode causar uma crise futura, mas esta permaneceu indefinida em 1972.

Desenvolvimentos futuros

Recentemente, Greiner acrescentou uma sexta fase ao seu modelo original. Ele sugere que um maior crescimento virá apenas da externalização (desenvolvendo parcerias com organizações complementares) das atividades não essenciais da organização.

Esta sexta fase, que permite o crescimento através de soluções extra-organizacionais, tem uma série de grandes vantagens:

- uma reorientação das competências nucleares da empresa para a sua atividade principal;

- uma redução no tamanho e complexidade da gestão (downsizing);

- contenção de custos (menos custos fixos relacionados com pessoal e mais custos comerciais, que podem ser afetados pelo concurso);

- garantia de qualidade (o prestador de serviços quer manter a sua posição);

- maior flexibilidade para a empresa, que pode mudar os seus parceiros a montante (fornecedor) e a jusante (distribuição), dependendo das suas próprias estratégias de desenvolvimento.

INTERPRETAÇÃO DO ESQUEMA DE DESENVOLVIMENTO EMPRESARIAL

Todas as organizações experimentam períodos de relativa estabilidade e períodos de crise. As pessoas, estruturas e procedimentos que pareciam adequados quando a empresa tinha atingido uma certa dimensão ou idade já não são adequados quando a organização cresce e amadurece. A direção, consciente do passado da sua organização, pode portanto prever a próxima crise, preparar-se para ela tomando medidas apropriadas para a fase de desenvolvimento que foi atingida, e ao fazê-lo, transformar uma situação crítica no ponto de partida de uma nova fase de crescimento.

Nem todas as organizações passaram ainda por estas cinco fases. Algumas, se se tornarem estáveis num determinado tamanho e complexidade, podem muito bem permanecer indefinidamente na fase correspondente. Apenas as empresas gigantes europeias e especialmente as americanas se encontram atualmente na última fase do Modelo de Crescimento Greiner. No entanto, qualquer organização que se desenvolva deve experimentar estes sucessivos períodos de calma e crise, com a rapidez com que passam de uma fase para outra, dependendo do ritmo a que a empresa e a sua indústria se estão a desenvolver.

No caso de uma start-up (uma empresa inovadora com grande potencial de desenvolvimento que requer investimentos significativos para financiar o seu rápido crescimento), se o empresário quiser tornar a sua ideia numa realidade e oferecer o produto ou serviço no mercado, deve ter não só recursos financeiros, mas também as capacidades de gestão necessárias para o lançamento, desenvolvimento e sustentabilidade do negócio. O processo de desenvolvimento de uma empresa em fase de arranque pode ser decomposto da seguinte forma:

- o nascimento de uma ideia e a procura de parceiros e/ou colegas;

- o estabelecimento do projeto numa fase não familiar, e as fases de informação e promoção;

- interesse público no produto ou serviço oferecido e o início da gestão do inventário e de problemas de abastecimento;

- delegação de autoridade aos gestores experientes, na sequência do desenvolvimento da empresa;

- a empresa torna-se "demasiado grande", levando a problemas burocráticos que impedem o desenvolvimento da empresa; se não for feita qualquer alteração à estratégia, isto pode levar ao seu declínio.

A utilização correta do Modelo de Crescimento Greiner permite aos líderes antecipar os próximos passos e assegurar a sustentabilidade da organização, sabendo que as empresas em fase de arranque gozam geralmente de quatro a oito anos de crescimento contínuo sem grandes problemas económicos ou desordens internas graves.

LIMITAÇÕES E EXTENSÕES

LIMITAÇÕES E CRÍTICAS

O objetivo do Modelo de Crescimento Greiner é alertar os líderes empresariais para a provável existência de crises que a sua empresa irá enfrentar ao longo do seu crescimento. No entanto, esta teoria tem as suas limitações e tem enfrentado uma série de críticas:

- Em primeiro lugar, embora seja verdade que muitas organizações normalmente começam com estruturas orgânicas não sofisticadas e acabam com estruturas muito sofisticadas, não seria razoável afirmar que todas as organizações passam necessariamente por cada uma destas fases. Algumas empresas estagnam, regridem ou saltam etapas, enquanto outras são compradas por empresas maiores ou vão à falência.

- Em segundo lugar, este cenário de crescimento da empresa continua a ser demasiado teórico. Até à data, nenhum estudo identificou com precisão os limiares críticos onde as crises são desencadeadas. Por outras palavras, este modelo é mais um quadro de análise do que um instrumento operacional.

- O Modelo de Crescimento Greiner não lança qualquer luz sobre os determinantes da mudança ou sobre os próprios processos de mudança. Além disso, não explica as causas do fracasso, as razões subjacentes à mudança ou a forma como as crises se desenvolvem.

- O modelo não permite aos utilizadores analisar a fase que se segue à maturidade, que é a fase em que se encontra a maioria das empresas atuais.

- Finalmente, o autor não tem em conta as interações entre as diferentes partes da organização nem a aleatoriedade do ritmo de mudança na sua análise.

MODELOS E EXTENSÕES RELACIONADAS

O modelo de equilíbrio pontuado

Este modelo baseia-se na dimensão histórica, atribuindo ao líder um papel limitado na gestão da mudança. Desta forma, é semelhante à escola de pensamento do voluntariado, na medida em que considera que a maioria dos sistemas tem limites em termos de mudança aceitável. Para além destes limites, o crescimento da empresa passa por uma reorganização fundamental. Isto é contrário ao modelo criado por Greiner.

Os pensadores por detrás do modelo de equilíbrio pontuado foram Elaine Romaneli (professora de gestão estratégica e empresarial) e Michael L. Tushman (especialista em gestão estratégica) em 1983. Afirmam que uma organização vive longos períodos de estabilidade intercalados com períodos de reorientação estratégica que são traumáticos para a empresa e as suas partes interessadas. Caracterizam a estrutura central da empresa de acordo com as cinco dimensões dos valores da empresa:

* produtos;

* mercados e tecnologias;

* distribuição do poder na organização;

* estrutura organizacional;

* natureza e tipo de controlo.

A principal defensora da teoria do equilíbrio pontuado é Connie Gersick, que tenta confirmar a aplicabilidade desta teoria nos domínios da gestão e biologia, em diferentes níveis de análise: indivíduos, grupos de indivíduos e empresas.

Outras extensões

A fim de analisar em pormenor os processos operacionais de mudança organizacional, o perito financeiro David Marsh (nascido em 1952) desenvolveu uma teoria de mudança que se centra na vida quotidiana da organização.

Segundo Andrew Pettigrew (professor de estratégia e organização na Universidade de Oxford, nascido em 1944), a mudança não deve ser vista como um momento específico entre dois períodos de estabilidade, mas como um elemento constantemente presente que é mais visível em tempos de crise. Para o autor, o processo de mudança organizacional pode ser compreendido através da análise da cultura e da política da empresa. Ele salienta o facto de que a mudança organizacional é a formalização de um processo gradual, que não é visível ou planeado.

Além disso, Henry Mintzerg (1992) considera que existe um consenso afirmando que as generalizações são menos valiosas do que o destaque de casos, circunstâncias e contextos, onde as hipóteses são confirmadas. A mudança vem dos níveis mais elevados da organização e é implementada pelos seus níveis mais baixos.

APLICAÇÃO PRÁTICA: KODAK

Em Janeiro de 2012, uma crise abalou o mundo da fotografia quando um importante fabricante de câmaras, Kodak, declarou falência. No entanto, tudo tinha começado bem para a Eastman Kodak Company.

FASE DE CRIATIVIDADE

Na sequência da investigação realizada pelo seu fundador George Eastman (industrial americano, 1854-1932), o grupo Kodak solicitou uma patente sobre o método e os aparelhos para a produção de placas de emulsão (suporte fotográfico para obter fotografias de qualidade) em 1885. Com o seu slogan "You press the button, we do the rest", a famosa marca Kodak apareceu pela primeira vez em 1888, quando as primeiras máquinas fotográficas com filme fotográfico foram lançadas nos Estados Unidos. A partir daí, a empresa foi reconhecida como inovadora: comercializou e popularizou câmaras fotográficas utilizando filme fotográfico e câmaras de bolso dobráveis em todo o mundo.

Esta fase de crescimento conduziu à crise de liderança. Com muitas fábricas e milhares de empregados em todo o mundo, William G. Stuber (gerente americano, 1864-1959) substituiu George Eastman como chefe do grupo Kodak e permaneceu nessa posição até 1934. Vários outros gestores experientes seguiram-no então.

FASE DE DIREÇÃO

Em 1960, a Kodak tinha quase 80 000 empregados. O crescimento exponencial da empresa continuou com muitas invenções, incluindo a câmara digital desenvolvida em 1975 pelo engenheiro americano Steve Sasson (nascido em 1950). Este produto foi mal comercializado ou não foi comercializado de todo, por medo de prejudicar o lucrativo mercado de filmes fotográficos, que a Kodak dominava. Para muitos observadores, foi precisamente esta digitalização que mais tarde causaria o colapso da empresa multinacional. Com vendas superiores a 10 mil milhões de dólares em 1981, a empresa era conhecida não só pelas máquinas fotográficas, mas também pela utilização de imagens nos campos do lazer, telefones, ciência, entretenimento e comércio.

A fim de solidificar a sua influência, a Kodak associou-se à *Compagnie Générale des Établissements Pathé Frères Phonographes & Cinématographes* propriedade de Charles Pathé (pioneiro francês das indústrias cinematográfica e de gravação, 1863-1957). Esta associação resultou na empresa Kodak-Pathé e estaria por detrás de várias produções cinematográficas.

A empresa continuou a investir na investigação e desenvolvimento e, por conseguinte, empregou vários engenheiros, mas também vários níveis de gestão. Isto criou uma divisão entre a gestão e os laboratórios de investigação, resultando em algumas infelizes decisões estratégicas. Os gestores não permitiram que algumas inovações revolucionárias (sensores de imagem CCD, raios X digitais, fotografia digital, etc.) fossem comercializadas por medo de comprometer as elevadas margens da venda de filme fotográfico.

A Kodak passou por uma crise de autonomia: muitos engenheiros deixaram a empresa para comercializar as suas invenções noutros locais com o consentimento do seu antigo empregador.

FASE DE DELEGAÇÃO E COORDENAÇÃO

Apesar de um ligeiro declínio, o crescimento da empresa continuou graças a consideráveis recursos financeiros (por cada dólar de filme fotográfico Kodak vendido, a pesquisa recebeu cinco cêntimos).

Uma crise de controlo estava agora a desenrolar-se: uma atitude relativamente laissez-faire tomou lugar nos laboratórios; os serviços comerciais favoreceram a investigação baseada em produtos e não em tecnologia ou necessidades dos consumidores; discussões e deci-sões sobre a comercialização de inovações levaram meses, desperdiçando tempo valioso. Por vezes, os representantes comerciais que tinham rejeitado uma inovação sem análise pediam aos investigadores que a desenvolvessem alguns meses mais tarde (crise da burocracia).

Para resolver esta crise de controlo, Colby H. Chandler foi nomeado CEO da Kodak em Maio de 1983 e permane-ceu no cargo até Junho de 1990. Foi responsável por uma redefinição das tarefas e funções de gestão.

A solução para a crise da burocracia só seria visível após a falência, em Janeiro de 2012.

FASE DE COLABORAÇÃO

Confinada ao lucrativo mercado de filmes fotográficos durante muitos anos, a Kodak entrou tarde no mercado digital e não teve sucesso com a sua linha de produtos EasyShare. A partir de 2007, a empresa passou por dificuldades financeiras. Em resposta, decidiu vender as suas patentes, reestruturar os seus departamentos, forjar novas parcerias, separar-se de vários associados em todo o mundo e abandonar o seu negócio tradicional (filme fotográfico) para se concentrar mais nas tecnologias modernas (fotografia digital e cinema).

Infelizmente, todos estes esforços não produziram os resultados esperados. Em Janeiro de 2012, a empresa foi colocada sob a proteção da lei de falências dos EUA. Um ano após ter declarado falência e encerrado 13 fábricas, a Kodak começou de novo com 8 500 empregados. Tecnicamente pronta, a empresa desenvolveu aplicações (ainda na fase de protótipo) para regressar ao centro do palco. Contudo, precisariam de várias inovações e de líderes inspiradores e motivadores para que a tímida recuperação durasse.

Neste momento, a Kodak está a oferecer uma linha única de impressoras a jato de tinta. Estas impressoras de nova geração têm um scanner que pode servir como fotocopiadora e permitir a impressão a custos mais baixos em comparação com concorrentes como a HP ou a Epson.

RESUMO

- Larry E. Greiner demonstrou que uma empresa passa por fases alternadas de crescimento e crise ao longo do seu crescimento. Estes períodos de mudança são uma parte integrante de uma organização. Para assegurar a sua sustentabilidade, a organização deve incorporar o conceito de ciclo de vida e utilizá-lo plenamente para obter os benefícios e afirmar-se no mercado.

- As cinco fases do ciclo de vida de uma empresa são:
    - criatividade;
    - direção;
    - delegação;
    - coordenação;
    - colaboração.

- Apesar dos inegáveis paralelos entre o ciclo de vida empresarial e o dos seres humanos, algumas empresas podem não experimentar a última fase do ciclo de crescimento: declínio ou morte.

- Embora o Modelo de Crescimento Greiner seja mais um quadro de análise do que uma ferramenta operacional, o modelo de equilíbrio pontuado mostra que é possível ultrapassar estas abordagens em termos de ciclos de mudança particulares, particularmente com o modelo criado por Andrew Pettigrew.

- Finalmente, a história da Kodak mostra que a inovação e a mudança são fatores-chave para o sucesso de uma empresa.

LEITURA ADICIONAL

BIBLIOGRAFIA

Atamer, T. e Calori, R. (1998) *Diagnostic et décisions stratégiques*. Paris: Dunod.

Barthélemy, J. (1999) L'externalisation : une forme organisationnelle nouvelle. *Actes de la huitième conférence de l'Association internationale de management stratégique.*

Demers, C. (2007) *Organizational Change Theories: Uma Síntese*. Mil carvalhos: Sage Publications, Inc.

Desreumaux, A. (1996) Nouvelles formes d'organisation et évolution de l'entreprise. *Revue française de gestion.* pp. 86-108.

Deval, E. e Nury, G. (2009) *La notion de cycle biologique intégrée par le management*. Valence: Institut Supérieur Technologique Montplaisir.

Gersick, C. (1991) Revolutionary Change Theories: A Multilevel Exploration of the Punctuated Equilibrium Paradigm (Uma Exploração Multilateral do Paradigma do Equilíbrio Pontuado). *A Academia de Revisão da Gestão.* Volume 16, pp. 10-36.

Giordani, Y. (1995) Management stratégique et changement organisationnel : quelles représentations? *Les nouvelles formes organisationnelles.* Paris: Economica. pp. 161-179.

Gould, S. J. (1990) *The Panda's Thumb*. Londres: O Pinguim.

Greiner, L. E. (1972) Evolution and Revolution as Organizations Grow. *Harvard Business Review.* pp. 37-46.

Henriet, B. (1999) La gestion des ressources humaines face aux transformations organisationnelles. *Revue française de gestion.* pp. 82-93.

Lemaire, L. (2003) *Systèmes de gestion intégrés. Des technologies à risques?* Paris: Éditions Liaisons.

Mintzberg, H., Thomas, J. M. e Bennis, W.G. (1972) *Strategy Safari: A Gestão da Mudança e do Conflito.* Nova Iorque: The Free Press.

Peretti, J. -M. (1998) *Ressources humaines et gestion du personnel.* Paris: Vuibert.

Perret, V. (Sem data) *Rythme et processus de changement : processus incrémental ou révolutionnaire.* Dossier Management du Changement et TIC. [Online]. [Acedido em 23 de Dezembro de 2014]. Disponível a partir de: <http://dea128fc.free.fr/CoursA/A2-ManagementChangement&TIC/expo/valery/DEA128FC-Processus%20incr%E9mental%20et%20r%E9volutionnaire.pdf>

Perret, V. e Josserand, E. (2003) *Le paradoxe. Penser et gérer autrement les organisations.* Paris: Éditions Ellipses.

Pettigrew, A. (1987) Contextos e Ação na Transformação da Empresa. *Journal of Management Studies.* 24(6), pp. 649-670.

Quinn, J. B. (1980) *Strategies for Change: Incrementalismo lógico.* Homewood, Illinois: Richard D. Irwin, Inc.

Reix, R. (1990) L'impact organisationnel des nouvelles technologies de l'information. *Revue française de gestion.* pp. 100-106.

Romanelli, E. e Tushman, M. (1996) Inertia, Environments and Strategic Choice: Um Desenho Quasi-Experimental para Investigação Comparativa Longitudinal. *Ciência de Gestão.* 32(5), pp. 608-621.

FONTES ADICIONAIS

Mullins, L. J. (2016) *Management and Organisational Behaviour.* Edimburgo: Pearson.

Queremos ouvir de si!
Deixe um comentário sobre a sua biblioteca online
e partilhe os seus livros favoritos nas redes sociais

A editora assegura a fiabilidade da informação publicada, a qual, no entanto, não poderia assumir a sua responsabilidade.

Mestre ISBN: 9782808065665
Papel ISBN: 9782808065955
Depósito legal: D/2022/12603/124

Desenho digital: Primento,
o parceiro digital dos editores.